LA TORTURE

ÉTUDE HISTORIQUE ET PHILOSOPHIQUE

PAR

M. Victor MOLINIER,

Professeur de Droit criminel à la Faculté de Toulouse, Membre de plusieurs Académies
françaises et étrangères, Chevalier de la Légion d'honneur, de l'Ordre
de Saint-Jacques de l'Epée du Portugal, et de la Couronne
d'Italie, Officier de l'Instruction publique.

> Je connais la force de la coutume, et jusqu'où
> elle maîtrise les esprits, et contraint les mœurs,
> dans les choses même les plus dénuées de raison
> et de fondement.
>
> La question est une invention merveilleuse
> et tout-à-fait sûre pour perdre un innocent qui a
> la complexion faible, et sauver un coupable qui
> est né robuste.
>
> LABRUYÈRE.
Les caractères, chap. XIV.

TOULOUSE	TURIN
Mme Ve GIMET, LIBRAIRE	M. BRERO, LIBRAIRE
Rue des Balances, 66.	Rue du Po, 11.

1879

LA TORTURE

ÉTUDE HISTORIQUE ET PHILOSOPHIQUE

PAR

M. Victor MOLINIER,

Professeur de Droit criminel à la Faculté de Toulouse, Membre de plusieurs Académies
françaises et étrangères, Chevalier de la Légion d'honneur, de l'Ordre
de Saint-Jacques de l'Epée du Portugal, et de la Couronne
d'Italie, Officier de l'Instruction publique.

> Je connais la force de la coutume, et jusqu'où elle maîtrise les esprits, et contraint les mœurs, dans les choses même les plus dénuées de raison et de fondement.
>
> La question est une invention merveilleuse et tout-à-fait sure pour perdre un innocent qui a la complexion faible, et sauver un coupable qui est né robuste.
>
> LABRUYÈRE.
> *Les caractères, chap. XIV.*

TOULOUSE	TURIN
Mme Ve GIMET, LIBRAIRE	M. BRERO, LIBRAIRE
Rue des Balances, 66.	Rue du Po, 11.

1879

Extrait des Mémoires de l'Académie des Sciences, Inscriptions et Belles-Lettres de Toulouse.

LA TORTURE

ÉTUDE HISTORIQUE ET PHILOSOPHIQUE

Par M. Victor MOLINIER.

Il est dans les lois des nations des choses qui sont généralement condamnées et qui, cependant, se maintiennent, se reproduisent, même après qu'elles ont été abolies, et qui ne disparaissent définitivement que lorsqu'après avoir entièrement cessé d'exister dans le champ des idées, elles ne trouvent plus aucun appui dans les mœurs. C'est ce qu'on peut constater par rapport à cette institution barbare qui prescrivait de faire subir des tourments atroces à des accusés, pour leur arracher des aveux propres à compléter des preuves que leurs juges trouvaient insuffisantes, et pour les forcer à procurer eux-mêmes, à la justice, les éléments de preuve qui manquaient et qui étaient nécessaires pour qu'ils pussent être envoyés à la mort.

Considérée pendant des siècles comme un procédé inhumain, plus propre à égarer la justice qu'à la diriger dans des voies sûres, la torture était hautement condamnée par les jurisconsultes les plus éclairés et par les philosophes (1); et cependant on torturait toujours rudement et avec une persistance qui manifestait un aveuglement acharné!

(1) Les Grecs et les Romains se servirent de la torture largement et en employant, pour la faire subir, les procédés les plus cruels. VALÈRE-MAXIME rapporte, dans ses *faits et paroles mémorables*, qu'un esclave fut torturé jusqu'à huit fois sans qu'on pût obtenir de lui des révélations compromettantes pour son maître (*lib.* VIII, *cap.* IV, *de Quæstionibus*). Il mentionne aussi la constance d'un jeune esclave soumis à la torture à l'occasion d'une accusation d'inceste intentée contre son maître : « Plurimis enim laceratus verberibus, equuleo impositus, candentibus etiam luminis ustus, omnem vim accusationis, custodita rei salute subvertit. » (*Lib.* VI, *cap.* VIII.)

Les Romains torturaient non seulement les accusés, ils torturaient aussi les esclaves dont le témoignage était produit en justice, car ils admettaient en principe que leurs dépositions ne pouvaient avoir de valeur qu'autant qu'ils les soutenaient au sein des tourments. On a sur ce triste sujet les dispositions du *liv.* XLVIII, *tit.* XVIII *de Quæstionibus* des Pandectes de Justinien, et celles du *liv.* IX, *tit.* XXI de son code. On a dans Sigonius (*de judiciis romanorum, Libri* III) la description des appareils dont se servaient les Romains comme instruments de torture, et des détails, à ce sujet, sur les institutions des Grecs et des Romains.

Les jurisconsultes romains, chez lesquels on rencontre une logique éclairée par la raison, luttaient avec la loi écrite pour en établir l'application dans les conditions les plus propres à la concilier avec la justice et l'équité naturelle. On les voit exprimer des doutes sur ce que peut fournir d'utile la torture qu'ils considèrent même comme une chose pleine de périls. ULPIEN, préfet du Prétoire sous Alexandre-Sévère, s'exprime, à ce sujet, ainsi : « Etenim (quæstio) res est fragilis et periculosa, et quæ veritatem fallat. Nam plerique patientia sive duritia tormentorum ita tormenta contemnunt, ut exprimi eis veritas nullo modo possit : alii tanta sunt impatientia, ut in quovis mentiri, quam pati tormenta velint. Ita fit, ut etiam vario modo fateantur, ut non tantum se, verumetiam alios, comminentur. » (*Frag.* I, § 23. *D. de Quæstionibus*).

Quant à ce qui concerne l'époque moderne, il serait trop long de donner des détails sur tout ce qui a été écrit contre l'emploi de la torture; nous nous bornerons à l'indication de quelques-uns des principaux travaux.

Mettons en tête l'ouvrage de GRÉVIUS, ministre arminien, déposé, banni, et condamné, pour rupture de son ban, à une prison perpétuelle. On le fit évader et il avait composé, pendant sa captivité, un livre contre l'emploi de la question, sous ce titre : TRIBUNAL REFORMATUM *in quo sanioris et tutioris justitiæ via judici christiano in processu criminali commonstratur* REJECTA ET FUGATA TORTURA, *cujus iniquitatem multiplicem, fallaciam atque illicitum inter christianos usum, libera et necessaria dissertatione aperuit* JOHANN. GRÆVIUS, *clivensis, quam captivus scripsit in ergastulo Amsterodamensi : ob raritatem, elegantiam et varium usum recusa, accurante Jo. Georg.* PERTSCH, *Icto.* Guelpherbyti (Wolfenbuttel), 1737, in-12, 360 p — D'après Bayle, l'ouvrage de Grevius aurait été publié, pour la première fois, à Hambourg en 1624.

Si la torture est un moyen sûr à vérifier les crimes secrets ; dissertation morale et juridique par laquelle il est amplement traité des abus qui se commettent par tout en

Il y a plus, des actes de l'autorité donnant enfin satisfaction à ce qui était dans les idées, venaient-ils à abolir cette institution depuis longtemps condamnée, on refusait de se soumettre à la loi, ou lorsqu'on ne la méconnaissait pas ouvertement,

l'instruction des procès criminels, et particulièrement en la recherche du sortilège, par Mre AUGUSTIN NICOLAS, *Conseiller du Roy, et Maistre des requestes ordinaire de son hostel au Parlement de la Franche-Comté de Bourgogne.* Amsterdam, 1681, in-12, 232 p.

L'impératrice de Russie, Catherine II, s'associant aux idées qui étaient celles des philosophes et des publicistes de son époque, rédigea, dit-on, elle-même, des instructions pour la confection d'un code, dans lesquelles on trouve souvent l'expression presque littérale de ce qui est dans le célèbre traité des délits et des peines de Beccaria. Le chapitre X de ces instructions concerne *la forme de la justice criminelle.* L'impératrice y examine *si la question est juste et si elle conduit au but que se proposent les lois.* La réponse est la condamnation de la torture dans des termes qui se font remarquer par la netteté et par la force logique des raisons qui doivent faire proscrire l'emploi de ce procédé barbare. L'œuvre de l'impératrice Catherine II fut raduite et publiée en français à Lausanne en 1769, en 1 vol in-12 de 160 pages. On l'a aussi au 3e volume, p. 92, du Recueil publié par BRISSOT DE WARVILLE, sous le titre de *Bibliothèque philosophique du législateur*. Paris, 1782-1785, 10 vol. in-8°.

L'impératrice d'Autriche, Marie-Thérèse, avait fait publier dans ses Etats un Code criminel qui consacrait l'usage de la torture et qui était même accompagné de vignettes en taille-douce représentant les procédés à employer pour la faire subir. Sonnenfels, professeur d'économie politique à l'Université de Vienne, dont les idées étaient celles des philosophes de son époque, attaqua l'emploi de la question dans ses leçons et exposa des doctrines qui déplurent aux ministres et au sujet desquelles l'impératrice elle-même lui adressa des observations. Le hardi professeur voulut défendre une cause qui lui paraissait juste; il supplia sa souveraine d'apprécier par elle-même les raisons qu'il exposerait dans un Mémoire contre l'emploi de la torture. Après avoir pris connaissance de cet écrit, l'Impératrice se rangea à son avis et, sans changer les dispositions de la loi, fit donner aux magistrats des ordres à suite desquels ils durent ne plus user, pour l'instruction des affaires criminelles, de ce procédé barbare. Le mémoire de Sonnefels a été traduit en français et inséré dans la *Bibliothèque philosophique du législateur* de BRISSOT DE WARVILLE au t. IV, page 197.

En Italie, Pierre Verri, en retraçant cette affreuse peste qui dépeupla le Milanais en 1630 et que Manzoni a décrite d'une manière si saisissante dans son roman des *Fiancés*, montre, au sein de ce fléau, la superstition s'emparant des esprits et leur persuadant d'imputer le mal à des poisons méchamment répandus et à un art infernal qui, en étendant des onguents malfaisants sur les portes des maisons, répand partout la contagion et communique la peste. Bientôt les préjugés populaires répandent des soupçons et imposent aux magistrats des poursuites criminelles contre des personnages auxquels sont imputés des crimes imaginaires. Pierre Verri, en consultant et en produisant les procédures relatives à ces imputations bizarres, montre la torture en action redoublant ses rigueurs envers des malheureux auxquels elle finit par arracher des aveux par rapport à des choses impossibles.

Après ces descriptions hideuses, tracées à l'aide de documents authentiques, Pierre

on s'ingéniait pour arriver à reproduire, sous un autre nom, ce qui avait été aboli. C'est ainsi qu'à la fin du dix-huitième siècle la torture avait disparu nominalement des lois criminelles de plusieurs Etats de l'Europe; mais au sein même de notre siècle, dans des temps peu éloignés de nous, apparaîtra ce qu'on appellera *la peine de la désobéissance*. En se rattachant à cette idée, très contestable, qu'il y a obligation pour un accusé de déclarer la vérité lorsqu'il est interrogé par la justice, dut-il, en la disant, se faire condamner ; si cet accusé est surpris en état de mensonge, s'il ne répond pas d'une manière pertinente à ses juges, s'il se renferme dans des subterfuges, on le considèrera comme coupable de désobéissance envers la justice, on lui fera subir, pour l'en punir, un châtiment corporel, on l'isolera dans un cachot, on l'y soumettra à un régime rigoureux, jusqu'à ce que sa désobéissance ait cessé et qu'on obtienne de lui des déclarations satisfaisantes. N'est-ce pas là la torture? Le nom, il est vrai, n'existe plus, mais le procédé n'a pas cessé d'exister.

Si nous venons donc vous entretenir de choses si tristes, c'est parce qu'il y a là des faits historiques qu'il est intéressant de rappeler, c'est parce que les souvenirs du passé peuvent encore fournir, sur ce sujet, des enseignements pour les temps présents.

Je vais donc montrer en action la torture et ce qui l'a rem-

Verri se demande si la torture n'est pas un supplice atroce propre à compromettre l'innocence, à servir d'instrument à des passions aveugles, et à égarer la justice. La conclusion s'induit facilement des faits qu'il retrace et la forme dramatique de l'œuvre de Pierre Verri, lui procura des lecteurs nombreux auxquels l'emploi de la torture n'inspira plus qu'une profonde répulsion; cette institution barbare fut dès lors discréditée.

Manzoni, le célèbre poète et écrivain, reprit plus tard l'œuvre de Pierre Verri en retraçant l'histoire d'une colonne d'infamie élevée, sous l'impulsion des passions aveugles du peuple, sur les débris de l'habitation de l'une des plus notables victimes, torturée et sacrifiée sous la pression populaire qui pendant cette peste aveuglait la justice. Une édition élégante de l'œuvre de Manzoni et de celle de Pierre Verri a été, de nos jours, publiée sous ce titre : *Storia della colonna infame di* ALESSANDRO MANZONI. edizione alla quale furono aggiunte, come appendice, le *osservazioni sulla tortura d* PIETRO VERRI. Parigi, 1843, in-18, 367 p.

Donnons un souvenir, pour les révérer, à ceux qui ont combattu avec persistance des préjugés barbares et qui sont parvenus à les faire disparaître.

placée en citant des faits établis par des documents qui excluent tous doutes.

Je me propose de faire voir comment la torture fonctionna surtout à Toulouse; comment elle fut abolie, comment et pourquoi il arriva que son abolition ne supprima pas toujours l'emploi de l'intimidation et de moyens violents pour contraindre les accusés à faire les aveux qu'on désirait obtenir d'eux.

Voyons donc ce que c'était que la torture avant son abolition. Ce que je vais rapporter sera la reproduction de ce que contiennent des actes officiels qui sont dans nos archives, ou de ce qu'on trouve dans les écrits les plus autorisés des anciens criminalistes.

La torture était assez fréquemment employée à Toulouse et y était très rude. On y distinguait, conformément aux ordonnances, la *question préparatoire* à laquelle on avait recours pour obtenir des aveux des accusés, lorsqu'il y avait contre eux des preuves d'une certaine valeur, mais insuffisantes, d'un crime méritant la mort, dont l'existence était certaine, mais dont il n'était pas suffisamment prouvé qu'ils fussent coupables, et la *question préalable* qui n'était appliquée qu'aux condamnés à mort pour avoir révélation de leurs complices (1).

On distinguait encore, par rapport à la manière de la faire subir, la question *ordinaire* et la question *extraordinaire*. Dans le ressort de la plupart des Parlements, la question extraordinaire ne différait de la question ordinaire que par l'aggravation et la durée plus longue d'un même genre de tourment (2). A Tou-

(1) Ordonnance criminelle de 1670, titre XIX, *des jugements et procès-verbaux de questions et tortures*, art. 1er : « S'il y a preuve considérable contre l'accusé d'un crime » qui mérite peine de mort et qui soit constant, tous juges pourront ordonner qu'il » sera appliqué à la question, au cas que la preuve ne soit pas suffisante. » — Art 2 : « Par le jugement de mort, il pourra être ordonné que le condamné sera préalable- » ment appliqué à la question pour avoir révélation des complices. »

(2) Lors de l'attentat de Damiens, comme on prévoyait qu'il serait soumis à la question préalable, on se demanda quelle espèce de question il conviendrait d'employer Des mémoires contenant des indications sur ce point avaient été remis au procureur général qui les commmuniqua aux médecins et chirurgiens de la Cour pour avoir leur avis. Ils estimèrent que le genre de torture le moins dangereux pour la vie et le moins susceptible d'accidents, était celui *des Brodequins*, ordinairement employé au Parlement de Paris. Ils indiquèrent les moyens à mettre en œuvre pour en ren-

louse la question extraordinaire était subie après a question ordinaire, avec un intervalle, et par l'emploi d'un procédé plus rigoureux que le premier. Cela pouvait paraître contraire à la lettre et à l'esprit de l'ordonnance criminelle qui ne voulait pas que la question fût réitérée pour un même fait (1). Il est vrai que, pour ne pas paraître méconnaître la lettre de la loi, on avait recours à une formule aussi ingénieuse que peu humaine ; on renvoyait la continuation de la torture à un jour suivant, en considérant ainsi le second acte comme une suite du premier (2).

Pour la question *à l'ordinaire*, le Parlement de Toulouse avait toujours employé le procédé italien de l'*estrapade (la corda)*, sur lequel on trouve des détails dans les *Questions médico-légales* de ZACCHIAS, médecin romain (3). Il y a, dans la

---

dre les douleurs plus atroces sans trop s'exposer à voir le patient échapper par la mort, sous leur violence, au supplice qui lui était réservé. Ce procédé consistait à placer les jambes de ceux qu'on torturait entre des planches contenues par des liens, et à introduire, à coups de maillet, entre ces planches, des coins de bois qui produisaient une compression douloureuse. Damiens subit l'application de huit coins, et les tortures qu'on lui fit souffrir avant de le conduire sur la place de Grève, où il devait encore subir un supplice affreux qu'on n'ose décrire, avaient duré deux heures et un quart. *Pièces originales et procédure du procès fait à Robert-François Damiens, tant en la prévôté de l'hôtel qu'en la cour de Parlement.* Paris, 1757, in-4°, p. xxx et p. 398, où est le procès-verbal de torture.

(1) Ordonnance précitée, t. xix, art. 12.
(2) C'est ce qu'on verra dans le procès-verbal que nous mentionnons plus bas à la page 11.
(3) PAULI ZACCHIÆ *medici romani. Quæstiones medico-legales, editio quinta*, Lib. VI, tit. 2, De Tormentis et Pœnis, p. 409. Avenione, 1660, in-folio.

Nous avons remarqué, non sans étonnement, une très belle vignette représentant la torture à la corde en tête du neuvième volume de l'édition de Venise des comédies de Goldoni (*Commedie di* GOLDONI *avvocato veneto*, Venezia, 1761 ; 10 tom. in-8°). Le patient y a les mains liées derrière le dos et y est tenu en l'air au moyen d'une corde passant par une poulie placée à l'extrémité d'une potence, que tire l'exécuteur. L'explication de cette gravure est donnée, à la page 8 du même volume, dans une préface où l'auteur raconte sa vie. Il y rapporte comment il fut attaché, dans son jeune âge, à la chancellerie criminelle du Podesta de Chiozza et comment il excella à instruire des affaires criminelles. Cela, dit-il, l'intéressa beaucoup en lui procurant l'occasion de se livrer à des études de mœurs. Il éprouvait, dans les premiers temps, des impressions pénibles lorsqu'il faisait torturer des accusés : mais peu à peu l'habitude et le sentiment d'un devoir à accomplir aidant, il en vint à mieux supporter ce spectacle de leur douleur : « facceami specie né primi tempi vedere un uomo attacato alla Corda, e doverlo esaminare tranquillamente, come vedesi nel frontis-

très curieuse *Praxis criminalis*, de Jean Milloeus, imprimée à Paris en 1541, une estampe intitulée : *Figura Torturæ Tholosanæ* (1), qui représente, à quelques différences près, le procédé

pizio di questo tomo ; ma si fa l'abito a tutto , e malgrado l'umanità , non si ascolta, che la giustizia, e il dover dell'impiego. » Ces paroles d'un brillant écrivain , dans le théâtre duquel on trouve une exquise délicatesse de sentiments, m'ont paru mériter d'être rapportées.

(1) La Bibliothèque nationale possède un très bel exemplaire de cette pratique criminelle qui est rare et recherchée. En voici le titre : Joannes Milloeus Boius , *Praxis criminis persequendi, elegantibus aliquot figuris illustrata, Parisiis*, 1541, petit in-folio de iv et 85 feuillets avec figures gravées sur bois (F. 987).

Trois estampes y représentent des modes divers de faire subir la torture, p. 7.

La première, qui est au recto de la 61e feuille, porte cet intitulé : *figura torturæ Gallicæ ordinariæ*. On y voit représentée la torture à l'eau avec le voile, telle qu'on l'employait à Toulouse pour l'extraordinaire.

La seconde estampe, qui est au *verso* de la même feuille 61, montre la torture aux brodequins, *figura torturæ cothurnorum extraordinariæ*.

La troisième, qui est à la feuille 62, est celle qui porte le titre de *figura torturæ Tholosanæ*, on y remarque que le patient, qui a les mains attachées derrière le dos, est suspendu au moyen d'une corde qui au lieu d'être attachée aux poignets, est passée sous l'épaule de son bras droit. Un poids énorme est suspendu aux chaînes qui sont à ses jambes. L'exécuteur est à côté et n'a pas le pied sur ces fers des jambes. Cette gravure a été reproduite dans l'ouvrage de MM. Séré et Paul Lacroix qui a pour titre : *Le moyen-âge et la renaissance*, au tome iii, chapitre *pénalité*, folio 2.

Gabriel Cayron a aussi décrit, dans son *Parfait praticien*, dont la 5e édition est de 1675, les procédés employés de son temps, à Toulouse, pour faire subir la question que nous venons de décrire. Ils étaient un peu différents, d'après ce qui est relaté dans une formule qu'il donne. Après les préalables de l'interrogatoire de l'accusé, le Commissaire, ayant commandé à l'exécuteur « de faire son devoir auquel, effet (celui-ci) l'ayant dépouillé (le patient) à nud iusques à la ceinture, à iceluy attaché les mains derrière son dos, avec vne grosse corde, vn gros doigt de fer entre deux, et attaché la dite corde par l'autre bout au haut du poteau et pollies y mis pour l'enlever, après l'avoir fait asseoir teste nue sur une sellette, luy ayant tondu et coupé les cheveux, et passé ses doigts dans sa bouche et autres parties externes, pour voir s'il n'auroit point aucuns breuets de magie, ou autre chose, ou marques infames cachez sur sa personne, n'ayant rien trouvé ; nous l'aurions de rechef exhorté de dire la vérité pour esviter les tourments qu'il voyait préparés... *A cette cause*, avec l'aduis et l'assistance que dessus... aurions commandé au dit exécuteur et sergent ou soldats assistans de l'enlever en l'air, jusques à ce que le premier bouton seroit achevé, ce qu'ayant fait, et le tenant suspendu à la torture, il auroit jetté de grands cris , disant, mon Dieu, Vierge Marie, miséricorde Messieurs, faites moi promptement mourir, etc. » *Le Parfait praticien français*, p. 187, 5e édition publiée par l'auteur, Tolose M.DC.LXV ; in-4o, 504 p.

Il paraît résulter, des termes de ce procès-verbal, que les expressions *bouton de Gehenne* sembleraient s'appliquer à chacune des ascensions pendant lesquelles le patient était torturé et qui étaient renouvelées jusqu'à trois fois. Ces mots : *bouton de la Géne*, désignaient aussi l'escabeau sur lequel le patient était placé et assis avant chaque ascension et après qu'il était descendu.

qu'on employait encore à Toulouse, au dix-huitième siècle pour la question ordinaire, tant pour les hommes que pour les femmes (1). On faisait asseoir le patient sur un escabeau, on lui liait les mains derrière le dos et on accrochait, au lien qui les contenait, une longue corde allant aboutir, par l'autre bout, à une poulie établie au haut d'une potence. Cette corde venait s'enrouler sur un tour manœuvré par deux hommes qui élevaient ainsi le patient aux jambes duquel un poids était suspendu. Les deux extrémités de la corde qui contenait, au moyen d'un nœud, ses bras derrière le dos, s'enroulaient sur deux cylindres appelés *Days*, que manœuvraient deux aides à droite et à gauche. Le patient avait aussi, à ses jambes, des chaînes, sur lesquelles l'exécuteur appuyait son pied. A l'aide de ce mécanisme compliqué, l'infortuné torturé, subissait des extentions douloureuses de ses membres par en haut, au moyen du tour à l'aide duquel il était élevé et tiré, par en bas au moyen du poids attaché à son corps et du pied de l'exécuteur qui pesait sur les chaînes de ses jambes. Les cordes qui tenaient ses poignets, les comprimaient en serrant le nœud qui les unissait et servaient aussi à contenir son corps tiré en tout sens sans qu'il pût bouger. On conçoit combien cette suspension accompagnée de fortes tractions de tous les membres devait être douloureuse. Lorsque ces extentions diverses des membres étaient parvenues à leur point extrême, le patient était descendu et interrogé ; s'il persistait dans ses dénégations, son supplice recommençait par deux fois encore.

Pour la question extraordinaire qui se donnait à l'eau, quelques jours après que la question ordinaire avait été subie, à moins qu'il ne s'agît de la question préalable concernant un condamné à mort pour laquelle les deux procédés s'employaient successivement avec un intervalle de quelques instants seulement (2), on étendait le patient sur un banc, on l'y assujet-

---

(1) Selon ZACCHIAS, l'estrapade (*la corda*) faisait éprouver des souffrances très vives et était plus incommode pour les hommes que pour les femmes. *Ubi supra*, p. 419' n° 20 et p 423 n° 22.

(2) C'est ainsi que l'infortuné Calas subit d'abord la question ordinaire en étant evé deux fois en l'air « en la forme ordinaire, dit le procès-verbal, les gardes me-

tissait au moyen de cordes attachées aux bras et aux pieds et passées ensuite dans des anneaux de fer fixés au mur ou au sol. Son corps subissait ainsi une tension qu'on augmentait et qu'on rendait plus gênante et plus douloureuse en passant entre le banc et les reins du malheureux torturé un tréteau qui l'assujettissait ainsi sur ce banc de douleur, sans qu'il pût bouger. On plaçait alors des baguettes dans sa bouche pour la lui tenir ouverte; on couvrait sa face avec un linge faisant poche dans sa bouche et on y versait successivement et lentement un certain nombre de pots d'eau qu'il était ainsi forcé d'avaler.

Ce mode de donner la question à l'eau avec un voile qu'on n'ôtait que pour interroger le patient à mesure que les pots d'eau se succédaient, pouvait avoir, ainsi que le fait remarquer Zacchias, des dangers (1). On conçoit, en effet, qu'il pouvait en résulter une congestion cérébrale qui, parfois, était mortelle.

Pour les femmes, la question extraordinaire se donnait d'une autre manière. On leur faisait ployer une jambe et on appliquait à cette jambe ployée et à la cuisse, près du genou, une pince en fer appelée *mordache* qui, au moyen d'un écrou et d'une vis, rapprochait les deux parties du membre, agissait

---

nant le tour, les valets tenant les cordes et l'exécuteur ayant ses pieds sur le bouton attaché aux fers des pieds dudit Calas » Après ce premier acte de cette barbare tragédie, qui eut lieu le 10 mars 1762, on déclare au patient « que les tourments qu'il doit souffrir encore sont bien plus grands que ceux qu'il a déjà soufferts... qu'il peut cependant, en diminuer la rigueur en disant la vérité en réponse aux interrogats qu'on va lui faire. » Que d'ineptie barbare et aveugle dans cette promesse, car on ignore ce qui peut-être la vérité ! Ce qu'on veut, c'est un aveu vrai ou faux, arraché par cette menace. Calas fut remis entre les mains de deux dominicains, qui durent l'exhorter à faire des aveux, à renier sa religion et à embrasser celle de ceux qui le faisaient torturer et qui l'envoyaient à la mort. Après un entr'acte d'une demi-heure, les tourments recommencèrent ; Calas subit encore la torture à l'eau avec le voile. Dix cruchets d'eau furent, à deux reprises, versés dans la bouche du malheureux vieillard, qu'on transporta ensuite sur la place Saint-Georges où ses membres furent brisés et où s'accomplit le dénouement de cette affreuse tragédie. *Procès-verbal d'exécution de Jean Calas père*, conservé aux archives et rapporté, en entier, par M. COQUEREL *fils*, dans la deuxième édition, p. 192, de son *Etude historique de Jean Calas et sa famille*. Paris. 1869 ; in-8°, 537 p.

(1) *Ubi supra*, p. 412, n° 26. « Carnicinum illud erat », dit-il ; c'était un fait de bourreau.

sur les ligaments du genou et produisait, sur la jambe et sur la cuisse, une compression douloureuse (1).

(1) Voici ce que constate un procès-verbal en date du 2 mars 1778, qui est aux Archives du Parlement de Toulouse, par rapport au mode de faire subir la question ordinaire et extraordinaire aux femmes.

Il s'agit d'une nommée Claire Raynaud, âgée de 43 ans, condamnée par arrêt du 28 février précédent, à être brûlée vivante, pour avoir donné la mort à son mari par le poison, de complicité avec un nommé Pierre Coulet, son domestique, âgé de 35 ans. La procédure ayant fourni des preuves suffisantes pour la condamnation de cette femme, il fut ordonné qu'elle serait, avant d'être brûlée, soumise à la question ordinaire et extraordinaire afin d'obtenir, par ses révélations, des preuves contre son complice non encore jugé.

Claire Raynaud est conduite dans la chambre de la Gêne de l'Hôtel-de-Ville, où, après l'accomplissement des formalités préalables et après avoir été interrogée sous serment, elle subit d'abord trois boutons de torture par suspension avec l'emploi des procédés que nous avons relatés. Cette question ordinaire n'ayant produit aucun aveu de cette femme qui soutint son innocence par rapport au crime d'empoisonnement pour lequel elle allait être brûlée, ni révélations sur la participation de Coulet à ce crime, il est passé à la question extraordinaire et voici ce que constate le procès-verbal : « Ensuite et en exécution du dit arrêt, la dite Raynaud a été attachée au pilier du Day et assise sur le dit bouton (sur l'escabeau). — L'exécuteur lui ayant appliqué la mordache au genou, l'avons interpellée de nous dire s'il est vrai qu'elle a empoisonné son mari de concert avec le dit Coulet. — Répond et dénie. — Et après avoir supporté la première application de la mordache, l'avons interpellée de nous dire si elle est coupable de l'empoisonnement de son mari et si Coulet est son complice — Répond et dénie ». Le procès-verbal constate, dans les mêmes termes, une seconde et une troisième application de la mordache, ne produisant aucun aveu.

La question ordinaire et extraordinaire étant ainsi subie, cette femme détachée et assise sur le bouton, est encore interrogée et persiste dans les mêmes dénégations en protestant de son innocence.

Alors Claire Raynaud est remise, porte le procès-verbal, entre les mains du Père Pierre qui l'entend en confession.

Cet acte religieux étant accompli, la condamnée est placée, par l'exécuteur, sur un charriot et est conduite devant la principale porte de l'Eglise Saint-Étienne où elle fait, à genoux, l'amende honorable portée par l'arrêt du Parlement. Elle est ensuite conduite à la place Saint-Georges au pied du bûcher dressé pour son supplice. Elle est alors encore interrogée, toujours après son serment de dire la vérité. Dans ce moment et en présence de la mort, cette femme fait des aveux complets et déclare que son amant Coulet a été l'instigateur de son crime. Après avoir constaté, dans le procès-verbal, ses révélations, il y avait à les rendre probantes à l'égard de Coulet, en confrontant les deux coupables. Claire Raynaud est, à cet effet, remise dans le charriot de l'exécuteur et conduite dans le Couvent des Pères Augustins de la place St-Georges. Coulet est extrait des prisons du Palais et conduit dans ce même Couvent. La condamnée et l'accusé d'être le complice de son crime étant en présence, les formes prescrites pour de pareilles confrontations sont accomplies, Claire Raynaud persiste dans ses révélations et Pierre Coulet les déclare fausses.

Ces actes étant terminées, Claire Raynaud est reconduite à la place Saint-Georges

Voici comment s'exécutaient, à Toulouse, les sentences et les arrêts en vertu desquels les accusés ou les condamnés avaient à subir ces différentes espèces de questions. Les détails que nous allons donner sont pris dans des procès-verbaux qui existent aux archives et que nous avons pu consulter.

Le condamné privé, dès la veille au soir, de nourriture, était conduit à l'hôtel-de-ville, où il y avait, près des prisons, dans un lieu écarté, une *chambre de la Géhenne*, pourvue de l'ameublement et de tous les appareils nécessaires pour faire subir les tourments alors usités. Les commissaires du Parlement, assistés de deux Capitouls, se rendaient le matin à l'hôtel-de-ville, dans cette chambre de la Gêne où se trouvait aussi un officier du ministère public et un greffier. Ils faisaient amener devant eux le condamné, et ils procédaient à des actes que nous allons décrire à l'aide des procès-verbaux qui les constatent. Nous nous servirons, pour cela, de ceux en date des 14 et 29 mai 1717, qui ont été conservés aux archives et qui concernent un nommé Marc Bermon, orfèvre à Montauban, âgé de 49 ans, accusé d'avoir tenu la main à des voleurs en leur achetant des objets d'orfèvrerie provenant de divers vols qu'ils avaient commis et au nombre desquels se seraient trouvés des vases sacrés soustraits dans des églises de Toulouse. Ces objets auraient été fondus et la procédure instruite contre cet accusé n'ayant pas fourni des preuves suffisantes de sa culpabilité par

---

au pied du bûcher, où elle est de nouveau interrogée et où elle persiste dans ses déclarations. Toutes les formalités étant ainsi remplies, l'exécuteur place la condamnée sur le bûcher, l'y attache à un poteau, l'étrangle en vertu d'un *retentum* de l'arrêt du Parlement, fait consumer son corps par les flammes et en jette les cendres au vent.

Vingt-cinq jours après, c'était le 27 mars 1778, Pierre Coulet subissait, sur cette même place Saint-Georges, la même peine que Claire Raynaud, en vertu de l'arrêt de la Chambre de la Tournelle du Parlement, en date de la veille que nous avons pu voir aux Archives où est aussi le procès-verbal d'exécution.

Les faits que nous venons de rapporter montrent comment la torture fut impuissante pour arracher des aveux à une femme coupable, mais qui, en mourant, voulait se dire innocente. Ce fut, sans doute, au moment de la mort, la crainte d'avoir, dans une autre vie, à subir la peine du parjure, qui amena Claire Raynaud à faire des révélations que la douleur n'avait pas pu lui arracher. Peut-être, au moment suprême, lorsqu'elle croyait que les flammes allaient bientôt l'atteindre, l'idée d'écarter pour quelques instants son supplice, se présenta-t-elle à son esprit. Il y a, dans les choses humaines, des mystères au sein desquels l'œil ne saurait pénétrer.

rapport à ce vol sacrilège emportant la peine de mort, le Parlement avait rendu, le 13 mai 1717, un arrêt en vertu duquel il devait subir la question ordinaire et la question extraordinaire, afin d'obtenir de lui des aveux propres à amener sa condamnation à mort. Voici ce que j'extrais textuellement des procès-verbaux, qui ont une étendue de 30 pages in-8° :

« Mandé venir ledit Bermon, lequel assis sur le bouton de la Gêne, la main levée à la Passion figurée de Notre-Seigneur, a promis et juré de dire la vérité.

» Et la lecture dudit arrêt (celui qui ordonne qu'il subira la question) lui ayant été faite, il lui a été par nous (commissaires, deux conseillers et deux capitouls), représenté qu'il ne peut, sans violer le serment qu'il vient de faire, se dispenser de répondre ingénuement, sans détours et sans équivoques, sur tous les interrogats que nous allons lui faire, et qu'au lieu qu'en disant la vérité, il peut se garantir des peines et des tourments auxquels il a été condamné, ces peines et ces tourments redoubleront s'il paraît qu'il la déguise. »

Voilà comment on emploie la menace pour amener, par la crainte, l'accusé à déclarer ce qu'on appelle la vérité, mais ce qui ne sera considéré comme vrai par le juge que si cet accusé s'avoue coupable, car s'il persiste à se dire innocent, l'épreuve des tourments va commencer.

Après cette admonition venait un interrogatoire établissant entre le magistrat et l'accusé une véritable lutte qui tendait, d'un côté, à amener des aveux par des questions habilement combinées à l'avance, souvent captieuses et, de l'autre, à éluder les réponses compromettantes et à ne fournir aucun élément de preuve dont on pût induire la culpabilité. Ordinairement, l'accusé niait tout, dans la crainte de ne pas connaître la portée de ce qu'on lui demandait et de fournir, même à son insu, des armes pour sa condamnation à mort.

Marc Bermon n'ayant fait aucun aveu lors du long interrogatoire qu'on lui fait subir et s'étant constamment déclaré innocent, le procès-verbal continue ainsi : » Sur quoi nous avons mandé venir l'exécuteur et les gardes, lesquels, la main levée à la passion figurée de Notre-Seigneur, ont promis bien et fidèlement exécuter ledit arrêt (qui condamne à subir la question) e de garder le secret. »

L'apparition de l'exécuteur et de ses aides annonçait à l'accusé que l'heure des souffrances allait commencer : « et ensuite, continue le même procès-verbal, ledit Bermon ayant été dépouillé en la forme accoutumée, il a été appliqué au premier bouton de la question et élevé, les gardes de l'exécuteur menant le tour, et les valets tirant les cordes qui serrent le Day et ledit exécuteur tenant le pied sur le fer des jambes ayant, le dit Bermon, un poids attaché à la ceinture. » Il y a là les détails d'une manœuvre assez compliquée à l'aide d'appareils dont nous avons donné une description Il nous a paru que le patient, élevé et tenu en l'air, subissait une double traction par en haut et par en bas qui agissait sur tous les muscles des membres et qui ne pouvait qu'être très douloureuse. Paul Zacchias ne pense pas que la simple suspension, même suivie de secousses opérées en livrant subitement une partie de la corde à elle-même, ainsi que cela se pratiquait en Italie, dût nécessairement opérer une dislocation des membres thorachiques. Il estime que l'appareil respiratoire est, pendant la supension, fortement affecté (1). — A Toulouse, l'action du poids suspendu à la ceinture du patient et de la pression opérée par le pied de l'exécuteur, appuyant sur des chaînes attachées aux jambes, nous semblent pouvoir amener des accidents à suite desquels la main d'un opérateur serait nécessaire pour remettre à leur place des os luxés. Dans tous les cas, des tractions semblables devaient produire des déchirures des muscles et un état des voies respiratoires de nature à causer pendant un temps assez long de vives souffrances.

Le procès-verbal continue ainsi : « Pendant lequel temps (celui de la suspension), nous susdits commissaires avons continué d'exhorter le dit Bermon à dire la vérité, et nous ayant paru que le premier bouton de la question était complet, avons ordonné à l'exécuteur de le descendre. Et, le dit Bermon descendu, les mêmes remontrances que dessus luy ont été faites

---

(1) Cordæ tormentum, dit-il, pectori inimicissimum *(Quæst. medico-legales, p. 419).*

et nous l'avons exhorté de dire le vérité ; a persisté et n'a voulu dire autre chose, disant avoir dit la vérité.

» Après quoy, le dit Bermon a été appliqué au second bouton de la question en la forme cy dessus, pendant que par nous il a pareillement été exhorté à dire la vérité, sans qu'il ait proféré autre chose que les cris et gémissements que la douleur peut produire en telle occasion. »

Le procès-verbal constate les mêmes faits, dans les mêmes termes, pour un troisième bouton et se termine ainsi par rapport aux actes accomplis ce premier jour : « Le dit Bermon descendu, les mêmes remontrances lui ayant été faites et exhorté de dire la vérité, a dit avoir dit la vérité et n'avoir autre chose à nous dire, et le dit Bermon a été détaché et remis dans les prisons. » Les commissaires clôturent et signent leur procès-verbal, sur lequel n'est pas la signature du patient qui, sans doute, avait perdu l'usage de ses membres endoloris.

Bermon n'avait fait aucun aveu qui pût le compromettre ; il avait subi avec courage et avec une grande fermeté d'esprit cette première et terrible épreuve. Quinze jours lui furent laissés pour soigner, dans la prison, ses membres malades. — A l'expiration de ce délai et lorsque ses membres, encore endoloris, devaient rendre de nouvelles tortures plus rudes, cet accusé fut reconduit dans cette affreuse chambre de la Gêne, devant les mêmes magistrats, le 29 mai 1717, à huit heures du matin. Après la constatation du nouveau serment qu'on lui fit prêter de dire la vérité, le procès-verbal retrace en ces termes une abominable tragédie qui eut un triste dénouement, et à laquelle il nous fait assister : « Et assis (le dit Bermon) sur le bouton de la Gesne, lecture faite de rechef du dit arrest, nous lui avons de rechef représenté que, quoique les tourments qu'il souffrit le dernier jour qu'il comparut devant nous soient violents, ceux qu'il doit souffrir aujourd'hui le sont encore beaucoup plus, qu'il peut néanmoins les éviter en disant la vérité sur tous les interrogats que nous devons luy faire. » Cette exhortation menaçante est suivie d'un long interrogatoire qui n'occupe pas moins de seize pages du procès-verbal et qui ne contient aucun aveu. L'exécuteur est mandé venir et entre accompagné de ses gardes. Tous promettent sous serment de bien et duement exécuter l'arrêt qui prescrit la question et de garder le secret. « Et ensuite, porte le procès-verbal, le dit Bermon ayant été dépouillé en la forme accoutumée, il a été appliqué au quatrième bouton de question et élevé en haut », toujours de la même manière que le premier jour, au moyen du même procédé et avec un poids attaché à son corps. Ce quatrième bouton ne produisit « autre chose que les mêmes cris et gémissements que cy-devant. » L'accusé est descendu ; de nouvelles exhortations et remontrances lui sont faites. Il persiste dans ses dénégations en affirmant son innocence. Alors commence un nouveau genre de torture encore plus barbare, peut-être, que le premier. « Et ayant fait détacher le dit Bermon pour être attaché sur le banc pour y recevoir la question à l'eau, sur lequel banc ayant été attaché et exhorté à dire la vérité et interpellé de déclarer s'il n'a recélé des vases sacrés volés par le nommé Laforgue, a dit avoir dit la vérité, être innocent du dit recèlement; quoy vu, le dit Bermon ayant été couvert (d'un linge) et quatre pots pleins d'eau ayant été vidés dans sa bouche, découvert et exhorté de dire la vérité et s'il n'est coupable d'avoir recélé les dits vases sacrés, a fait plusieurs gémissements et cris et dit : Mon Dieu, ayez pitié de moy, j'ai dit la vérité.

« Couvert pour la seconde fois, et les trois premiers pots pleins d'eau ayant été versés dans sa bouche, nous ayant paru qu'il pouvait être arrivé quelque changement extraordinaire en la personne du dit Bermon, nous avons ordonné qu'avant que le quatrième pot d'eau fût versé dans sa bouche, son visage fût découvert. Ayant apperçu que le dit Bermon était sans aucun mouvement et qu'il avait les yeux fermés, nous avons jugé à propos d'interrompre l'exécution du dit arrêt, et nous nous sommes retirés avec toutes les personnes qui étaient à notre suite, ayant laissé le dit Bermon avec plusieurs personnes qui sont entrées dans la chambre de la dite Gêne pour luy donner du secours, et en autres actes n'a été par nous procédé. » Suivent les signatures des commissaires et du greffier.

Il n'est plus question de ce malheureux Bermon dans les

registres de la Tournelle. Ce silence nous ayant porté à penser qu'il avait succombé, puisqu'aucune suite n'avait été donnée, après la torture, à son procès, nous avons fait des recherches dans les registres de l'état civil, qui constatent les décès. Nous y avons vu un acte établissant qu'il était mort dans les prisons du Capitole, dont la chambre de la Gêne formait une dépendance, et qu'il avait été inhumé dans le cimetière de la paroisse du Taur, le 31 mai 1717.

On se rend compte de la mort de cet homme, lorsqu'on voit dans le procès-verbal qui les décrit, les procédés de torture auxquels on le soumit, Il dut mourir d'asphyxie. Ce qui étonne et ce qui est également déplorable, c'est cet acharnement aveugle et inintelligent des magistrats qui, loin d'adoucir ce que la loi pouvait prescrire de rigoureux, semblaient se plaire à l'aggraver, dussent-ils tuer leur victime. Ils firent subir au malheureux Bermon une mort affreuse, par la main des bourreaux, dans un lieu où ne régnait que l'effroi et où il n'avait que la présence de ceux dont tous les efforts tendaient à arracher de sa propre bouche un aveu qui devait amener contre lui une condamnation à la peine de la roue ou du feu, appliquée alors aux auteurs et aux complices d'un vol sacrilège. Cet homme fut tué sur le banc de la torture, parce que sa culpabilité n'était pas établie, parce qu'on ne pouvait pas l'envoyer à la mort et parce qu'il pouvait être innocent! Quelle responsabilité les magistrats auxquels de semblables faits pouvaient être imputés n'encouraient-ils pas envers l'humanité et la justice!

Ce qui arrivait à Toulouse, par rapport à Bermon, se produisait ailleurs, et les anciens criminalistes rapportent des faits semblables d'individus morts en subissant les tourments (1). Il arrivait aussi que les accusés qui ne succombaient pas, restaient estropiés pendant toute leur vie.

Il y avait des juridictions dans lesquelles les procédés employés

---

(1) Voir les faits rapportés par Gævius, au chapitre V : « De argumento contra torturam quod sub illius asperitate homines quandoque enecari soleant. » *Tribunal reformatum in quo sanioris et tutioris justitiæ via judici christiano in processu criminali commonstratur, rejecta et fugata tortura*, etc. Guelpherbyti (Wolfenbuttel), 1737, in-12, 560 p.

pour la question étaient peut-être encore plus rudes que ceux qui étaient usités à Toulouse. SERPILLON, lieutenant criminel au bailliage, chancellerie et siège présidial d'Autun, auteur d'un commentaire de l'Ordonnance criminelle de 1670, publié à Paris en 1767, rapporte qu'on employait à Autun un procédé qui est, dit-il, « un des plus grands, des plus cruels et des plus longs supplices : notre usage, continue-t-il, est de faire attacher l'accusé sur une table qui a quatre roulettes, elle n'est élevée de terre que d'un demi-pied, elle est percée en plusieurs endroits, pour passer des cordes avec lesquelles l'accusé est attaché par les bras, les jambes, les cuisses et l'estomac : il est garrotté, nud, en chemise, sur cette table, de façon qu'il ne peut remuer ni bras, ni jambes; on lui a mis auparavant une espèce de brodequins ou de botines, qui lui enveloppent les pieds et les jambes, jusqu'aux genoux; ces brodequins sont faits avec de mauvais cuir spongieux, appelé du baudrier; le questionnaire fait rouler la table à un pied de distance d'un grand feu de bois de charbon, il a, auprès de lui dans une chaudière, sur un trépied, douze pintes d'huile bouillante; et avec un bassin, il verse de cette huile sur les jambes et sur les pieds de l'accusé; l'huile pénètre au travers de ce mauvais cuir spongieux; les jambes et surtout les pieds du patient en sont brûlés et même en partie calcinés; les interrogatoires ne pouvant qu'être très longs à rédiger, le supplice est ordinairement de deux heures, ou, au moins d'une heure et demie, suivant le nombre des chefs d'accusation, parce que le patient, plus occupé de ses douleurs que des réponses qu'il doit faire, jure et s'emporte pendant le supplice (1). »

Serpillon rapporte ensuite que son prédécesseur eut à faire subir cette torture à un nommé Develay, accusé de crimes graves, dont aucun n'était complètement prouvé. Il arriva que la table ayant été trop rapprochée du foyer, les brodequins, enduits d'huile bouillante, s'enflammèrent; les jambes furent si fort brûlées qu'il fallut les couper l'une et l'autre. Le

(1) *Code criminel ou Commentaire sur l'Ordonnance de 1670*, t. III, p. 908. Lyon, 1767, 3 vol. in-4º.

malheureux fut renvoyé de la plainte avec deux membres de moins. Il vécut encore pendant plus de trente ans après avoir ainsi perdu ses deux jambes. »

On conçoit que cet homme devait garder un profond ressentiment envers le magistrat qui, par sa barbare incurie, l'avait mis dans un état semblable. On rapporte qu'il s'attachait à ses pas et qu'il le suivait comme son ombre, se montrant toujours très respectueux, le saluant, sans jamais laisser apparaître aucune irrévérence. Le lieutenant criminel éprouvait des impressions pénibles en ayant constamment la vue de l'état d'infirmité du malheureux qu'il avait ainsi martyrisé. Toutes les démarches qu'on fit pour l'amener à cesser cette obsession ne purent aboutir. Faire enlever cet homme et le faire jeter dans des cachots d'une basse-fosse, n'eût pas peut-être été impossible à une époque à laquelle la liberté individuelle n'avait pas de garanties; mais le public avait pris en pitié le pauvre malheureux et sa disparition eût été trop remarquée. Le magistrat qui avait à se reprocher son excès de zèle, par rapport à un acte de ses fonctions qu'il eût pu accomplir avec moins d'inhumanité, en éprouva de cruels remords qui attristèrent ses derniers jours (1).

On pardonne, en effet, une offense qu'on a reçue et on se réconcilie avec celui qui l'a faite, mais on se pardonne plus difficilement à soi-même une faute qu'on a commise, et on éprouve toujours un sentiment pénible de gêne lorsqu'on est en présence de celui auquel on a causé injustement un tort grave.

Au reste, Serpillon parle contre la torture et trouve bien cruel le procédé employé à Autun. Tout en manifestant une antipathie pour cette institution barbare, cela ne l'empêcha pas de la mettre en pratique sans user de ses pouvoirs pour atténuer ce qu'elle pouvait avoir de trop rigoureux. Il rapporte, dans son livre, qu'il a eu à faire torturer deux fois des accusés; que la seconde fois, l'interrogatoire ayant duré plus de deux heures, le tourment fut si grand que les cris continuels de

---

(1) Ces faits sont rapportés par M. CARNOT, conseiller à la Cour de Cassation et membre de l'Institut, dans son *Commentaire sur le Code pénal*, au tome II, p. 92. Seconde édition, Paris, 1836, 2 vol. in-4º.

celui qui le subissait l'empêchaient d'entendre et de répondre, et qu'il ne put obtenir de lui aucun aveu, même après qu'il fut détaché; aussi fut-il absous. « Il eut, dit Serpillon, les doigts des deux pieds si fort calcinés qu'il s'en arracha le même jour les os, avec des tenailles (1). »

Je viens de montrer la torture en action. Cette pratique cruelle et inintelligente fut l'objet des attaques de tous les publicistes et disparut à la fin du dix-huitième siècle des lois criminelles de plusieurs Etats de l'Europe.

Une déclaration du roi Louis XVI, du 24 août 1780, abolit chez nous l'usage de la question préparatoire à laquelle on soumettait les accusés pour obtenir des aveux, et conserva la question préalable qu'on employait pour les condamnés à mort, afin de les forcer à indiquer leurs complices (2). Les termes de cet acte du pouvoir royal sont remarquables; on ne pouvait guère y considérer comme cruelle une institution que la législation avait consacrée; on se borna à constater que ses résultats étaient presque nuls et qu'il y avait possibilité de ne pas la conserver (3).

(1) *Ubi supra*, p. 909.

(2) Soulatges, avocat au Parlement de Toulouse, *Traité des crimes*, t. III, p. 39. Nouvelle édition, Toulouse, 1785, 3 vol. in-12. Voici ce qu'on lit à la page 38 de ce traité : « Quoiqu'il paraisse que la question définitive est aussi inutile que la question préparatoire, puisque l'accusé est alors condamné à mort, néanmoins elle est, dans le vrai, très nécessaire, puisqu'elle sert à découvrir les complices du crime, ou s'il s'agit d'un vol ou d'un assassinat, elle fait connaître les associés du voleur ou de l'assassin, que le condamné, qui voit qu'il n'y a plus d'espérance de sauver sa vie, déclare plus facilement à la question ; en sorte que si l'on peut les arrêter sur-le-champ, ils sont confrontés au prévenu avant que de l'exécuter. » Comme la routine de la pratique judiciaire obscurcit le jugement et produit l'aveuglement! Il paraît à Soulatges que les deux sortes de questions sont également *inutiles*, et il considère cependant l'une d'elles, l'un de ces procédés barbares, comme étant, *dans le vrai*, *très nécessaire !* Ce qui est dans le vrai, c'est l'atrocité, la barbarie et l'ineptie du moyen employé pour arracher, à l'aide de la menace et de la douleur, un aveu qu'on veut obtenir par des voies violentes propres à lui ôter toute garantie de sincérité.

La question préalable avait des dangers. Des condamnés voués au supplice désignaient quelquefois, par esprit de vengeance ou pour égarer la justice, des innocents qu'ils signalaient pour avoir été leurs complices.

(3) Voir les termes de cette déclaration du roi, donnée à Versailles le 24 août 1780, qui fut enregistrée au Parlement de Toulouse, le 8 avril 1781. (Jourdan, Isambert et Decrusy, *Recueil général des anciennes lois françaises*, règne de *Louis XVI*, t. IV, p. 372).

Une autre déclaration du même monarque, du 1er mai 1788, inspirée par Lamoignon de Malesherbes pendant sa courte présence dans les conseils du roi, introduisait des réformes rationnelles dans l'administration de la justice criminelle et adoucissait certaines rigueurs de l'ordonnance de 1670. Il y est dit, dans l'art. 8, que la déclaration du 24 août 1780, relative à la question préparatoire, sera exécutée en y ajoutant l'abrogation de la question préalable (1).

On sait que les Parlements refusèrent l'enregistrement de cette déclaration, qui resta sans exécution, à suite de la retraite de Malesherbes du ministère.

La barbare institution de la question ne disparut donc entièrement de notre législation criminelle que lorsque l'Assemblée constituante en eut déclaré l'abolition définitive, dans un décret des 8 et 9 octobre 1789 (2).

Des princes et des gouvernements de l'Europe abolirent aussi l'usage de la torture dans divers Etats; mais voici par quoi elle fut, dans quelques-uns, remplacée :

On avait presque partout conservé, pour l'instruction des affaires criminelles, l'emploi d'une procédure secrète et écrite, introduite dans les juridictions de l'Eglise et qui, des officialités, était passée, au quatorzième siècle, dans les tribunaux séculiers. Comme les jugements devaient être établis sur une procédure écrite, il avait été admis, en principe, qu'ils devaient être basés sur des preuves légales, c'est-à-dire sur des preuves établies par la loi, d'après des théories plus ou moins rationnelles en matière de probabilité. Aussi, les juges n'avaient pas à exprimer leur intime conviction sur la culpabilité ou la non-culpabilité des accusés : ils avaient à vérifier s'il résultait des procédures écrites qui leur étaient soumises des documents produisant des preuves déterminées par la loi (3).

(1) *Même Recueil, ubi supra*, t. VI, p. 526.
(2) *Décret sur la réforme de quelques points de la justice criminelle.* (MONITEURS des 29 septembre au 9 octobre 1789 ; — DUVERGIER, *Collection complète des lois, décrets*, etc., t. Ier, p. 56.)
(3) Sur la doctrine des preuves légales qui conduit à l'emploi de la torture, voir MEYER, *Esprit, origine et progrès des institutions judiciaires*, t. II, p. 562 et suiv. Paris, 1829, 2e édit, 5 vol, in-8°,

Sous l'empire de pareilles institutions, l'aveu de l'accusé rendait la tâche du juge facile et rassurait sa conscience. Il fallait donc l'obtenir par toute espèce de moyens.

Les premiers qui se présentaient d'abord, c'était l'emploi de questions captieuses, de promesses, de suppositions de faits non existants, lors des interrogatoires. Les casuistes étaient même très accommodants par rapport aux mensonges employés dans le but d'obtenir la vérité de la bouche des accusés (1).

Un autre moyen qui était aussi fréquemment employé, c'était celui qui consistait à placer l'inculpé dans un cachot avec un individu qui captait sa confiance, qui lui faisait des confidences, qui en obtenait, en retour, et qui parvenait à lui persuader que les juges accordaient leur indulgence à ceux qui déclaraient avec sincérité la vérité lors des interrogatoires.

Quand ces moyens n'aboutissaient pas, il y avait à recourir à des mesures plus énergiques. Remarquons que l'inculpé détenu dans une prison est, en fait, à la disposition du magistrat qui instruit son affaire. Qu'on admette, en principe, qu'il y a, pour ce détenu, obligation de dire la vérité et que la société a le droit de l'exiger de lui, on arrivera à établir un châtiment pour le punir s'il vient à garder le silence ou à ne pas répondre pertinemment. De là, *la peine de la désobéissance*. Le tribunal d'Amsterdam eut la gloire de cette invention, dit l'auteur d'une histoire des institutions judiciaires des principaux pays de l'Europe (2). Le premier accusé qui eut à subir une pareille peine fut un nommé Hendick Jeanssen, accusé d'avoir assassiné sa femme. Après avoir, pendant plu-

---

(1) On peut voir ce que dit, sur ce point, le jésuite Delrio, dans son grand ouvrage si propre à satisfaire la curiosité sur les anciennes croyances aux sorciers et sur les procédures pour fait de magie : *Disquisitionum magicarum libri sex*, Lib. IV, sectio 10 : *De aliis modis veritatem perscrutandi*, p. 390. Lugduni, 1608, in-f°.
La Roche-Flavin, premier président en la chambre des requêtes du Parlement de Toulouse, s'est, au reste, textuellement approprié ce que dit Delrio, sans le citer, dans le chap. 39 du liv. VIII de ses *Treize livres des Parlements de France*, à la page 507, sous cette rubrique : *Estre quelquefois permis aux juges d'user d'artifice et mensonge pour le bien de la justice*. Bordeaux, 1617, in f°.

(2) Meyer, *ubi supra*, t. III, p. 300.

sieurs mois, répondu aux questions qu'on lui avait adressées, il prit le parti de ne plus se servir que de cette phrase : *Je ne me le rappelle plus.* D'après une ordonnance du tribunal d'Amsterdam, jusqu'alors sans exemple, on lui appliqua un certain nombre de coups de nerf de bœuf qui amenèrent, de sa part, des aveux à suite desquels il fut condamné et exécuté à mort en 1803.

Cet exemple ne fut pas perdu; d'autres tribunaux renchérirent sur ces sévérités et ordonnèrent que les condamnés garderaient la prison et seraient étroitement séquestrés, jusqu'à ce qu'ils eussent donné des explications suffisantes ou avoué leurs crimes.

Ces théories furent bientôt admises par des législateurs. « En Angleterre, écrivait M. Rossi en 1829, on ne se permet pas de questionner aux débats un accusé. A Fribourg, en Suisse, on le soumet à la torture physique ; en d'autres cantons, on ne lui épargne ni le *secret*, ni la mauvaise nourriture, ni les coups de bâton, toujours dans le but, très louable, d'administrer la justice avec rectitude. » Il cite, en note, les dispositions suivantes, qu'on trouve dans un Code sanctionné par la législature du canton du Tessin, le 15 juillet 1846 :

Art. 143. — « Toutefois, si l'accusé persiste avec opiniâtreté
» dans ses négatives, dans ses contradictions ou dans un si-
» lence malicieux, le juge instructeur pourra ordonner qu'il
» soit renfermé dans un cachot plus étroit, qu'il soit chargé
» de lourdes chaînes et nourri au pain et à l'eau pendant un
» mois, pourvu que ce régime soit interrompu de manière
» à ce qu'il ne dure pas plus de quinze jours continus et qu'on
» évite toute atteinte grave à la santé du prévenu. — Si cette
» épreuve reste inutile, le juge instructeur, avec le consen-
» tement du tribunal, déclarera au prévenu qu'en punition de
» son opiniâtreté, le tribunal a ordonné l'emploi de moyens
» plus sévères; sur quoi, le secrétaire donnera lecture à l'ac-
» cusé de l'article 144 du présent Code. » — Art. 144. « Si,
» après cette déclaration, le prévenu persiste dans son opiniâ-
» treté, il recevra, sur l'ordre du juge instructeur, vingt-cinq

» coups de nerf de bœuf sur le dos à nu, et le nombre des
» coups sera doublé s'il persiste encore, etc., etc. » (1)

Cela est bien la torture, la torture telle que l'avaient flétrie et condamnée tous les publicistes éclairés depuis le seizième siècle jusqu'à la fin du dix-huitième ! Le nom est effacé ; mais la chose existe et a résisté à l'abolition qui en avait été prononcée.

Sans doute, on ne suspendra plus les inculpés et on ne les étendra plus sur un banc de douleur ; mais on les tiendra au secret dans un cachot, en les soumettant à un dur régime alimentaire ; on chargera leurs gardiens de les faire parler ; on leur adressera, lors de leur interrogatoire, des questions captieuses. N'avait-on pas, par de semblables procédés, amené, il n'y a que quelques années, une malheureuse femme à se déclarer coupable d'un crime de parricide dont elle était innocente ? Heureusement que les jurés la traitant, à raison des preuves qu'elle avait fournies contre elle, avec indulgence, lui accordèrent les circonstances atténuantes, qui firent que la peine de mort fut remplacée, pour elle, par celle des travaux forcés à perpétuité. Plus tard, les véritables coupables furent découverts et condamnés. Une instance en revision fut introduite ; l'innocence de la femme Doise fut reconnue, et elle put recouvrer la liberté (2).

(1) Rossi, *Traité du Droit pénal*, t. I, p. 72, 1re édit. Paris, Genève, 1829, 3 vol. in-8o. Empressons-nous de dire que des dispositions de cette nature ne sont plus en vigueur dans la Confédération helvétique et que le canton du Tessin est même actuellement régi par un nouveau Code pénal promulgué à Bellinzona le 25 janvier 1873, qui est une œuvre très avancée et qui n'admet même pas la peine de mort.

(2) Martin Doise, vieillard de 65 ans, fut assassiné à coups de pioche le 18 janvier 1861. Des menaces coupables proférées contre lui par sa fille, mariée au sieur Gaudin, la firent immédiatement soupçonner d'avoir donné la mort à son père. Une procédure fut instruite contre elle. Cette femme commença par se dire innocente. Son propre mari, loin de la disculper, joignit son témoignage à ceux des individus qui la chargeaient. Elle fut pressée de faire des aveux et mise pendant un mois au secret dans un affreux cachot obscur. Elle était enceinte de quatre mois ; elle ne put résister à cette torture. Elle voulait, disait-elle plus tard, sauver son enfant ; elle s'avoua coupable. Elle renouvela, devant la cour d'assises du Nord, ses aveux en vue d'obtenir les circonstances atténuantes, qui lui furent accordées. Elle fut condamnée, le 12 août 1861, aux travaux forcés à perpétuité.

Cependant, peu après, la femme d'un nommé Vanhelwin dénonçait son mari comme le véritable assassin de Martin Doise, de complicité avec un sieur Verhamme. Ces deux individus, reconnus coupables de ce crime, furent condamnés, l'un à mort,

Il est donc vrai que ce qui est dans les idées a souvent peine à passer dans le domaine des faits ; que les abus les plus graves disparaissent tardivement. Aujourd'hui, la théorie de la peine de la désobéissance a disparu de la législation ; les cantons de la Suisse, dont nous avons parlé, ont des Codes nouveaux, rédigés par des jurisconsultes habiles et qui expriment les idées les plus avancées de la science. Les magistrats qui instruisent les affaires criminelles, plus éclairés et mieux inspirés, envisagent les interrogatoires plutôt comme des moyens de défense qui offrent aux inculpés des facilités pour les explications qu'ils ont à donner, que comme des voies propres à amener de leur part des aveux qu'ils ne feraient pas spontanément. La mesure rigoureuse du secret ne peut être employée que pour un temps très limité et les lois se montrent de plus en plus protectrices de la liberté individuelle.

l'autre aux travaux forcés à perpétuité. Cette condamnation manifestait l'innocence de la femme Doise. Il y eut une procédure en revision, à suite de laquelle il fut constaté qu'elle n'était pas coupable du parricide pour lequel elle avait été condamnée et son acquittement fut prononcé. Les journaux de l'époque parlèrent beaucoup de cette affaire, sur laquelle on a des détails dans un ouvrage de M. Jules Bonnet, avocat à Paris, qui a pour titre : *Tableau des procès criminels revisés depuis François Ier jusqu'à nos jours*, p. 244. Paris, 1867, in-8º, 264 p.

M. Béranger s'exprimait, en 1818, en termes énergiques contre cette mise au secret des inculpés qui, dans des affaires qu'il relate, présenta les caractères d'une véritable torture. *(De la justice criminelle en France,* p. 389. Paris, 1818, in-8º, 616 p.)

A suite de la constatation de ces abus, les dispositions de l'article 613 de notre Code d'instruction criminelle ont été revisées par une loi du 14 juillet 1865 qui, maintient, sans doute, aux magistrats le droit d'ordonner l'interdiction de communiquer avec les inculpés, mais qui en a beaucoup restreint l'étendue.

Lors de la discussion de cette loi devant nos assemblées législatives, M. de Janzé demandait l'abolition de la mise au secret, qu'il considérait comme un moyen d'instruction déplorable, comme une véritable torture morale, non moins cruelle, non moins contraire à l'humanité que l'ancienne torture, et, à cet égard, il rappelait les abus signalés par M. le président Béranger, par M. Chaix-d'Est-Ange, et qui venaient de se produire de nouveau dans l'affaire de la femme Doise. « Je regrette, disait-il en terminant, que cette mesure de la mise au secret soit laissée à la discrétion du juge d'instruction même dans les termes où elle est restreinte par le projet de la Commission, parceque je crois qu'elle force à avouer des crimes, alors même qu'on n'en a pas commis. » *(Moniteur (journal officiel)* du 31 mai 1865, p. 703.)

Un magistrat éclairé et prudent saura n'user des pouvoirs que la loi lui confère que dans les cas d'une utilité évidente et en s'attachant à éviter tout ce qui dégénèrerait en une oppression abusive.

Toulouse, impr. Douladoure.

www.ingramcontent.com/pod-product-compliance
Lightning Source LLC
Chambersburg PA
CBHW060614050426
42451CB00012B/2242